AF483036

LES VERBES FORTS
DANS LES LIVRES BASQUES
DE LIÇARRAGUE [1],

PAR

M. G. LACOMBE.

Extrait des *Mémoires de la Société de Linguistique de Paris*, tome XVIII.

Le sujet de ce travail consiste en un vocabulaire des formes verbales fortes (ou simples) que nous avons notées en lisant le Nouveau Testament basque de 1571, ses annexes et le petit volume paru la même année (Kalendrera et ABC). On ne trouvera donc ici aucune théorie. Lorsque toutes les formes fortes de la littérature basque auront été recueillies, lorsque surtout l'*Atlas linguistique du pays basque* sera fait, il conviendra de rechercher dans quelle mesure cette masse de faits pourra éclairer les obscurités qui subsistent encore dans la conjugaison euskarienne. Pour le moment, nos listes ne visent qu'à alléger la tâche des travailleurs futurs et à ajouter au travail de M. van Eys (*Les verbes auxiliaires dans le Nouveau Testament de Liçarrague*, La Haye, 1890).

Dans une première partie, nous énumérons toutes les flexions en les classant par verbes. Nous n'avons pas cru devoir composer un répertoire alphabétique général. Il nous a paru plus urgent de noter entre cent dans une seconde partie quelques exemples de verbes faibles (ou périphrastiques) et que notre auteur emploie concurremment avec les formes fortes correspondantes. Des considérations générales devenaient alors nécessaires, qui pussent donner une idée des progrès que cette lourde, mais simplificatrice conjugaison faisait déjà au xvi° siècle. La fréquence des flexions périphrastiques a pu, nous semble-t-il, s'expliquer dans certains cas par de légères nuances de sens, mais il est possible

---

[1] Divers basquistes ont discuté récemment la question de savoir s'il fallait nommer le traducteur basque *Liçarrague* ou *Leiçarraga* (*Leizarraga* en modernisant). Sans vouloir prendre part à la discussion, nous l'appellerons *Liçarrague*, puisque, en français, il signait ainsi. Mais nous croyons qu'en basque, allemand, espagnol, etc., on doit le nommer *Leiçarraga* (ou *Leizarraga*), puisqu'en basque il s'intitule de la sorte. Seules les formes *Leicarrague* et *Lizarraga*, employées par quelques auteurs, nous semblent difficilement justifiables.

que, dans quelques cas aussi, Liçarrague ait dû s'en servir pour déférer aux désirs de ses quatre collaborateurs, dont deux étaient souletins et dont les deux autres pouvaient parler un dialecte autre que le sien.

Ce travail n'étant en aucune manière une étude philologique, nous avons cru pouvoir, suivant l'usage habituel, moderniser l'orthographe de Liçarrague et traduire ses flexions en français d'aujourd'hui. M. Schuchardt a démontré en effet que Liçarrague et ses collaborateurs s'étaient servis de plusieurs textes pour leur traduction. Il eût été intéressant de rechercher dans chaque cas à quelle source il fallait puiser pour une explication rigoureuse de chaque flexion liçarraguéenne; mais ce travail, qui est d'ailleurs à faire, sort du cadre que nous nous étions proposé. En attendant qu'il soit entrepris, on peut recourir aux nombreux travaux que M. Dodgson publie depuis quelque vingt-cinq ans sur le verbe liçarraguéen [1].

I

LISTE GÉNÉRALE [2].

INTRANSITIFS.

EBIL « MARCHÉ ».
(16 formes différentes.)

ebil [radical] (Apoc., IX, 20).
ebili, marché (Act., XX, 2).
ebilten, marchant (Jean, I, 36).
ebiliren, à marcher (Apoc., XXI, 24).
habil, marche (Act., IX, 15).
dabila, il marche (Matth., XII, 43).
dabiltza, ils marchent (Matth., XI, 5).
diabiltzak, ils marchent [traitement masculin] (Marc, I, 37).
abila, tu marches (Jean, XX, 15).
zabiltzate, vous marchez (Matth., XXVIII, 5).
nabila, je marche (II Cor., XII, 14).

---

[1] Nous ne renvoyons, dans notre classement des formes, qu'à un seul texte chaque fois, mais dans notre statistique nous avons, cela va sans dire, tenu compte de tous les textes sans exception.

[2] Nous donnons ici les formes débarrassées, quand elles en ont, de leurs préverbes et de leurs suffixes; mais rétablissons les formes dans leur intégralité à la deuxième partie.

gabiltza, nous marchons (Kal., B^{iii}).
zabilan, il marchait (Matth., xxvi, 16).
zabiltzan, ils marchaient (Matth., xxvi, 59).
zinabiltzaten, vous marchiez (I Cor., xii, 2).
lebila, qu'il marchât (10)[1].

ETŠEKI « ATTACHÉ ».
(5 formes différentes.)

zašetzate, attachez-vous à lui (Marc, xiv, 44).
{ *dašetza*, ils s'attachent à lui (79).
{ *datšetza*, ils s'attachent à lui (Kal., I^i).
gatšetza, nous nous attachons à lui (Matth., xvi, 38).
zašekan, il s'attachait à lui (Act., xviii, 7).
dašete, il s'attache à eux (Jean, xiv, 21).

EGON « RESTÉ ».
(37 formes différentes.)

bego, qu'il reste (I Cor., vii, 24).
beude, qu'ils restent (I Cor., xiv, 34).
ago, reste [tr. masc.] (Act., xxvi, 16).
zaudete, restez (Matth., x, 11).
dago, il reste (Matth., xii, 39).
{ *diagok*, il reste [tr. masc.] (Act., ix, 11).
{ *diaok*, il reste [tr. masc.] (Matth., xv, 23).
diagon, il reste [tr. fém.] (Jean, iv, 23).
{ *daude*, ils restent (Act., xxiv, 15).
{ *daudez*, ils restent (I Cor., vii, 8).
diaudek, ils restent [tr. masc.] (Act., xxiii, 21).
ago, tu restes (Matth., xxii, 16).
zaudete, vous restez (Matth., xx, 6).
nago, je reste (Act., xxvi, 6).
niagok, je reste [tr. masc.] (Act., xxv, 10).
gaude, nous restons (Luc, vii, 20).
dauke, il restera (Marc, iii, 24).
zegoen, il restait (Act., xvi, 17).
zeuden, ils restaient (Act., xxviii, 6).
nengoen, je restais (Act., xxiv, 21).
niangoan, je restais [tr. masc.] (Act., x, 30).
{ *gineunden*, nous restions (Rom., vii, 6).
{ *ginanden*, nous restions (Kal., IV^5).

---

[1] Les chiffres indiquent la pagination, que nous avons dû effectuer sur notre exemplaire, des 31 pages qui précèdent le Nouveau Testament et des 89 qui le suivent.

lego, il restât (Jean, xi, 33).
{ *leude*, ils restassent (Act., xxii, 24).
{ *laude*, ils restassent (I Cor., vii, 3o).
zinaudete, vous restassiez (I Thess., i, 10).
ginauteke, nous resterions (37).
dagoka, il reste à lui (Apoc., xix, 1).
{ *dagozka*, ils restent à lui (Luc, vii, 32).
{ *dauritza*, ils restent à lui (8o).
nagoka, je reste à lui (5).
{ *dagote*, il reste à eux (Apoc., xxi, 8).
{ *daue*, il reste à eux (Matth., xviii, 6).
dagozte, ils restent à eux (Matth., xi, 16).
zauen, il restait à eux (Hebr., iv, 6).
litzaue, il restât à eux (8).
zauk, il reste à toi [tr. masc.] (Luc, vi, 3o).
daut, il reste à moi (Act., xxv, 27).
diagotak, il reste à moi (II Tim., iv, 8).
aut, tu restes à moi [tr. masc.] (Jean, iv, 9).
dauku, il reste à nous (Rom., xiii, 11).

***ETHORRI* « VENU ».**
(17 formes différentes.)

ethor [radical] (Matth., ii, 1).
ethorri, venu (Matth., xviii, o).
ethorten, venant (Matth., xviii, 7).
ethorriko, à venir (Matth., xxiii, 36).
bethor, qu'il vienne (Jean, vii, 37).
athor, viens (Matth., viii, 9).
zatozte, venez (Matth., iv, 19).
dathor, il vient (Jean, vi, 44).
datoz, ils viennent (Matth., xviii, 7).
nathor, je viens (Luc, xix, 13).
gatoz, nous venons (61).
datorke, il viendra (Jean, ix, 4).
zatozkete, vous viendrez (Jean, viii, 21).
natorke, je viendrai (Apoc., xxii, 2o).
niatorkek, je viendrai [tr. masc.] (Apoc., iii, 11).

***ETZAN* « ÉTÉ COUCHÉ ».**
(12 formes différentes.)

etzanen, à être couché (Apoc., xi, 8).
datza, il est couché (Matth., ix, 24).
diatzak, il est couché [tr. masc.] (Matth., viii, 6).

daunza, ils sont couchés (Matth., xxvi, 40).
atza, tu es couché [tr. masc.] (Marc, xiv, 37).
zaunzate, vous êtes couché (Luc, xxii, 46).
gaunza, nous sommes couchés (I Thess., v, 10).
daunzate, ils seront couchés (I Thess., iv, 15).
{ *zetzan*, il était couché (Matth., viii, 24).
{ *zatzan*, il était couché (Act., xxviii, 8).
zeunzan, ils étaient couchés (Marc, xiv, 37).
gaunzan, nous étions couchés (Matth., xxviii, 13).

JARIA « COULÉ ».
(6 formes différentes.)

jariatzen, [lui] coulant (Matth., ix, 20).
jariaturen, [à lui] couler (Jean, vii, 38).
dario, il lui coule (Luc, ix, 39).
diariok, il lui coule [tr. masc.] (Marc, ix, 18).
zarion, il lui coulait (Matth., ix, 0).
lario, il lui coulât (Marc, ix, 20).

JARRAIKI « SUIVI (à) ».
(22 formes différentes.)

jarreiki, suivi [à] (Matth., iv, 20).
jarreikiten, suivant (Marc. x, 52).
jarreikiren, à suivre (ABC, Aita famil.).
zarreitzate, suivez [à lui] (Marc, xiv, 13).
{ *darreitza*, il suit [à lui] (Apoc., xiv, 4).
{ *darreizko*, il suit [à lui] (Rom., iv, 12).
zarreitzate, vous suivez [à lui] (I Pierre, iii, 13).
narrayo, je suis [à lui] (Philip., iii, 14).
{ *garraitza*, nous suivons [à lui] (49).
{ *garreitza*, nous suivons [à lui] (41).
garreizkeo, nous suivrons [à lui] (72).
zarreyon, il suivait [à lui] (Marc, v, 24).
zarrayon, il suivait [à lui] (Apoc., vi, 8).
zarreikan, il suivait [à lui] (Rom., ix, 31).
zarreitzan, ils suivaient [à lui] (Marc, vi, 1).
zarreitzate, vous le suivez [à lui] (ABC, I²).
zarreizkon, ils suivaient [à lui] (Matth., viii, 10).
garreizte, nous suivons [à eux] (45).
berrait, qu'il suive [à moi] (Marc, viii, 34).
arreit, suis [à moi] (Matth., viii, 22).
darreit, il suit [à moi] (Jean, viii, 12).
darreiku, il suit [à nous] (Marc, ix, 38).

JOAN «ALLÉ».
(21 formes différentes.)

joan, allé (Matth., II, 20).
joaiten, allant (Matth., VIII, 9).
joiten, allant (Marc, X, 32).
oha, va (Matth., VIII, 9).
zoazte, allez (Matth., XXVIII, 10).
doa, il va (Matth., XXVII, 7).
dihoa, il va [tr. masc.] (Marc, IX, 8).
doaza, ils vont (Coloss., II, 22).
dihoazak, ils vont [tr. masc.] (I Tim., V, 24).
dioazak, ils vont [tr. masc.] (Kal., B^m).
zoazte, vous allez (Matth., X, 5).
noa, je vais (Act., XX, 22).
nihoak, je vais [tr. masc.] (Matth., XXI, 30).
goaza, nous allons (Matth., XIII, 28).
gihoazak, nous allons [tr. masc.] (Matth., VIII, 25)
dohazke, ils iront (Act., VII, 40).
zioan, il allait (Luc, XIX, 36).
zioazen, ils allaient (Matth., XXVIII, 9).
indoan, tu allais [tr. masc.] (Jean, XXI, 18).
gendoazen, nous allions (Act., XVI, 16).
indoa, tu allais [tr. masc.] (Matth., V, 41).
doheku, il va à nous (Matth., XXVII, 4).

TRANSITIFS.

EDAS(I) «BAVARDÉ».
(5 formes différentes.)

edas [radical] (Matth., VI, 7).
edasten, bavardant (Matth., VI, 7).
dadasa, il [le] bavarde (Jean, III, 10).
dadasate, ils [le] bavardent (I Tim., V, 13).
zadasaten, ils [le] bavardaient (Marc, XIV, 5).

EDUKI «TENU».
(24 formes différentes.)

eduki, tenu (Marc, II, 2).
edukiren, à [le] tenir (Matth., VI, 24).
edukak, tiens-le [tr. masc.] (Apoc., III, 11)

edukazue, tenez-le (Apoc., ii, 25).
daduka, il le tient (61).
dadukate, ils le tiennent (Matth., xxi, 26).
dadukak, tu le tiens [tr. masc.] (Apoc., ii, 13).
dadukazue, vous le tenez (Act., xxvi, 8).
dadukagu, nous le tenons (43).
zadukan, il le tenait (Apoc., x, o).
zadukaten, ils le tenaient (Luc, xxii, 63).
eduka, tu le tinsses [tr. masc.] (Matth., xviii, 17)
dadutza, il les tient (51).
dadutzate, ils les tiennent (II Tim., iii, 6).
dadutzagu, nous les tenons (82).
zadutzan, il les tenait (42).
zadutzaten, ils les tenaient (Apoc., 71).
nadutzan, je les tenais (Philip., iii, 7).
diadute, il le tient à eux (51).
zadutzatet, je vous tiens (Philip., i, 7).
nadukak, tu me tiens (Philip., i, 7).
nendukaten, ils me tenaient (2).
gadutza, il nous tient (29).
gadutzate, ils nous tiennent (71).

EGIN « FAIT ».
(34 formes différentes.)

egin, fait (Matth., iv, 3).
egiten, faisant (Matth., vii, 23).
eginen, à faire (Matth., iv, 19).
begi, qu'il le fasse (Matth., v, 16).
begite, qu'ils le fassent (Jacob, v, 14).
egik, fais-le [tr. masc.] (Matth., ii, 13).
egizue, faites-le (Matth., v, 44).
egiguk, fais-le-nous [tr. masc.] (ABC, A iv[6]).
dagigun, que nous le fassions (ABC, A iv[6]).
dagite, ils le font (Kal., B iii[5]).
dagik, tu le fais [tr. masc.] (Rom., xiii, 4).
lagi, il le fit (Apoc., 71).
legite, ils le fissent (Luc, xxi, 21).
nagi, je le fisse (Galat., ii, 2).
gunegi, nous le fissions (59).
egiok, fais-le à lui (Matth., vi, 6).
egiozue, faites-le à lui (Matth., ix, 38).
dagiote, ils le font à lui (66).
dagiozue, vous le faites à lui (Matth., iii, 7).
dagiogu, nous le faisons à lui (46).

zegioten, ils le faisaient à lui (Matth., XV, 23).
lagiote, ils le fissent à lui (Apoc., IX, 4).
dagin, tu le fais [tr. fém.] (Luc, VII, 13).
dagizue, vous le faites (Matth., VI, 1).
dagigun, que nous le fassions (Kal., B IIII5).
dagigu, nous le faisons (Hebr., II, 3).
zegian, il le faisait (Matth., IX, 26).
legi, il le fît (Matth., XIX, 13).
egiek, fais-le à eux (I Tim., VI, 11).
egiezue, faites-le à eux (Matth., V, 44).
dagiezue, vous le faites à eux (Apoc., VII, 3).
dagiegu, nous le faisons à eux (Galat., VI, 10).
nengien, je le faisais à eux (II Cor., XI, 33).
dagizuet, je le fais à vous (Matth., XX, 32).
nengizue, je le lisse à vous (Ac., XXVIII, 20).

EIDIN (?) « FAIT ».
(17 formes différentes.)

laidi, il le ferait (Jean, IX, 33).
laidite, ils le feraient (38).
gineaidikek, nous le ferions [tr. masc.] (38).
daidiot, je le ferai à lui (Matth., XXVI, 53).
daidi, il le fera (Matth., VII, 8).
daidite, ils le feront (Marc, II, 19).
daidik, tu le feras [tr. masc.] (Matth., V, 36).
daidikek, tu le feras [tr. masc.] (III Jean, 6).
daidit, je le ferai (Matth., IX, 28).
{ *daidigu*, nous le ferons (19).
{ *diaidigu*, nous le ferons (58).
diaidikegu, nous le ferons (Ac., IV, 20).
zaidian, il l'aurait fait (Rom., VIII, 3).
naidikeen, je l'aurais fait (4).
leidiote, ils le feraient à lui (Luc, VI, 11).
daidiezue, vous le ferez à eux (Marc, XIV, 7).
daidit, il le fera à moi (Hebr., XIII. 6).
daidigute, ils le feront à nous (83).

EKAR « APPORTÉ ».
(16 formes différentes.)

ekar [radical] (Matth., IX, 15).
ekarri, apporté (Matth., VIII, 17).
ekarten, apportant (Matth., XIII. 23).
ekarrak, apporte-le [tr. masc.] (II Tim., IV, 13).

ekarzue, apportez-le (Luc, xv, 22).
dakharrazue, vous l'apportez (Jn., xv, 8).
dakarke, il l'apportera (Kal., B iv³).
dakarkeite, ils l'apporteront (Luc, v, 18).
dakharkezue, vous l'apporterez (Jn., xviii, 29).
zakarken, il l'apportait (Jn., xix, 27).
zakarkeiten, ils l'apportaient (Act., xxi, 16).
ekarrozue, apportez-le à lui (Jn., ii, 8).
ekardazue, apportez-le à moi (Matth., xvii, 17).
ekatzue, apportez-les (Luc, xix, 27).
dakazket, je les apporterai (Galat., vi, 17).
ekaztazue, apportez-les à moi (Matth., xiv, 18).

EMAN « DONNÉ ».

(15 formes différentes.)

eman, donné (Matth., i, o).
emaiten, donnant (3).
emanen, à donner (Matth., iv, 6).
emazue, donnez-le (Matth., x, 8).
demate, ils le donnent (I Cor., xiv, 7).
bemo, qu'il le donne à lui (Matth., v, 31).
emok, donne-le à lui (Luc, vi, 30).
emozue, donnez-le à lui (Luc, xix, 24).
demo, il le donne à lui (58).
demote, ils le donnent à lui (I Tim., v, 14).
demozue, vous le donnez à lui (Ephes., iv, 27).
demogu, nous le donnons à lui (Apoc., xix, 7).
lemo, il le donnât à lui (Matth., xiv, 22).
lemote, ils le donnassent à lui (Luc, xx, 10).
emo, il le donne à lui [tr. masc.] (Matth., v, 25).

?

iguk, fais-le à nous (Kal., B iii²).

ENGUN (?) « DONNÉ » (?) [1].

(2 formes différentes.)

dinguzket, je les donnerais (?) (Matth., xvi, 53).
dinguztezue, vous les donnez à nous (?) (Jacq., ii, 16).

---

[1] M. Schuchardt (*Revue basque*, IV, 445) restitue ainsi le participe passé de ce verbe, dont le sens n'est pas d'ailleurs rigoureusement fixé. Cette forme *engun* est très « vraisemblable », mais il est permis de supposer aussi une variante *ingun* : comp. notamment *enzun* et *inzun*, cette dernière forme étant seule usitée dans plusieurs parlers bas-navarrais par exemple.

ENZUN « ENTENDU ».
(16 formes différentes.)

enzun, entendu (Matth., II, 18).
enzuten, entendant (Matth., VII, 24).
enzunen, à entendre (Matth., VI, 7).
enzuzue, entendez-le (Matth., XIII, 18).
danzute, ils l'entendent (Marc, IV, 12).
danzuk, tu l'entends (Matth., XXI, 16).
danzugu, nous l'entendons (Kal., B IV[7]).
danzuzu, vous l'entendez [sing. respect.] (81).
danzuzue, vous l'entendez [plur.] (Act, XIX, 26).
danzut, je l'entends (Luc, XVI, 2).
danzugu, nous l'entendons (44).
zanzuten, ils l'entendaient (Act., XIII, 48).
danzuzkizue, vous les entendez (Marc, XIII, 7).
danzuzkit, je les entends (Luc, IX, 9).
danzuzkigu, nous les entendons (Act., II, 8).
zanzuzkiten, ils les entendaient (Act., XVII, 8).

ERABIL « FAIT ALLER ».
(4 formes différentes.)

erabil [radical].
erabilten, faisant aller (Matth., XI, 7).
drabilagu, nous le faisons aller (Jacob, III, 3).
zerabiltzan, il les faisait aller (Matth., I, 20).

ERAMAN « EMPORTÉ ».
(9 formes différentes.)

eraman, emporté (Matth., I, 11).
eremaiten, emportant (Matth., IV, 8).
eremanen, à emporter (Matt., IV, 6).
eramak, emporte-le [tr. masc.] (Act., XXIII, 17).
eramazue, emportez-le (Marc, XIV, 44).
darama, il l'emporte (2).
dramazue, vous l'emportez (Luc, X, 4).
daramagu, nous l'emportons (81).
zaramaten, ils l'emportaient (Luc, VII, 14).

ERAUNTSI « SOUFFLÉ ».
(6 formes différentes.)

{ *erauntsi*, soufflé (Jean, VI, 18).
{ *eraunsi*, soufflé (Matth., VII, 25)

draunsa, il le souffle à lui (Luc, xii, 55).
diraunsak, il le souffle à lui [tr. masc.] (Jean, iii, 8).
zeraunsan, il le soufflait à lui (Marc, v, 5).
zeraunsaten, ils le soufflaient à lui (Matth., xxvii, 3o).
neraunsa, je le soufflasse à lui (I Cor., ix, 26).

EREKAR « EMMENÉ ».

(4 formes différentes.)

erekarri, emmené (Kal., B iii⁴).
erekarten, emmenant (Ac., xxiv, 26).
erekarrak, emmène-le-moi (II Tim., iv, 11).
derakar, il l'emmène (I Cor., vii, 18).

ERITZI « PARU ».

(22 formes différentes.)

eritziren, à paraître (Matth., v, 43).
eriztozue, paraissez-le à lui (I Pierre, i, 22).
{ *daritza*, il le paraît à lui (Jean, iii, 20).
{ *daritzo*, il le paraît à lui (Ephes., v, 33).
{ *daritzate*, ils le paraissent à lui (Ephes., vi, 24).
{ *daritzote*, ils le paraissent à lui (Rom., viii, 27).
daritzak, tu le parais à lui [tr. masc.] (70).
daritzozue, vous le paraissez à lui (Rom., xiii, 8).
daritzat, je le parais à lui (II Cor., xi, 5).
{ *daritzagu*, nous le paraissons à lui (I Jean, iv, 19).
{ *daritzogu*, nous le paraissons à lui (II Jean, v).
eriztezue, paraissez-le à eux (Ephes., v, 25).
darizte, ils le paraissent à eux (Matth., xxiii, 6).
dariztek, tu le parais à eux (Apoc., ii, 6).
dariztezue, vous le paraissez à eux (Matth., v, 46).
diarizteat, je le parais à eux [tr. masc.] (Apoc., ii, 6).
dariztegu, nous le paraissons à eux (I Jn., iii, 14).
darizat, je le parais à toi (Jn., xxi, 15).
daritzue, il le paraît à vous (Matth., v, 44).
daritzuet, je le parais à vous (II Cor., xi, 11).
darizt, il le paraît à moi (Jn., xiv, 23).
dariztak, tu le parais à moi (Jn., xxi, 15).
dariztazue, vous le paraissez à moi (Jn., xiv, 16).
darizku, il le paraît à nous (58).
dariz kute, ils le paraissent à nous (Tit., iii, 15).

ERRAN « DIT ».
(31 formes différentes.)

erran, dit (Matth., 1, 23).
erraiten, disant (Matth., ix, 18).
erranen, à dire (Matth., v, 22).
errak, dis-le [tr. masc.] (Ac., xxviii, 26).
errazue, dites-le (Matth., xxi, 3).
derrak, tu le dis [tr. masc.] (Rom., x, 6).
derrazue, vous le dites (Coloss., iii, 9).
derrat, je le dis (II Cor., ix, 4).
derragu, nous le disons (Matth., xxi, 26).
derrake, il le dira (I Cor., xii, 3).
derrakezue, vous le direz (Matth., xxiii, 39).
zinerrate, vous le dissiez (Marc, xiii, 11).
errok, dis-le à lui (Matth., xviii, 17).
errozue, dites-le à lui (Matth., xxi, 5).
derro, il le dit à lui (Marc, vii, 11).
derrote, ils le disent à lui (Matth., xxvii, 64).
derrok, tu le dis à lui (Marc, 1, 44).
(*darrozue*, vous le dites à lui (Matth., xxi, 21).
) *derrozue*, vous le dites à lui (Matth., xvii, 9).
derrakeo, il le dira à lui (I Cor., xii, 21).
derrakeok, tu le diras à lui [tr. masc.] (Luc, vi, 42).
lerro, il le dit à lui (Act., xviii, 22).
lerroie, ils le dissent à lui (Matth., xvi, 20).
errezue, dites-le à eux (Matth., xxii, 4).
darrat, je le dis à toi (Phile, 19).
darrakeat, je le dirai à toi (Matth., ii, 13).
darrazue, il le dit à vous (Matth., xxi, 3).
erradak, dis-le à moi (69).
erradazue, dites-le à moi (Galat., iv, 21).
darradazue, vous le dites à moi (Matth., xxi, 24).
erraguk, dis-le à nous (Marc, xiii, 4).

EZAGUT « CONNU ».
(10 formes différentes.)

ezagut [radical] (Matth., 1, 25).
ezagutu, connu (Marc, 1, 34).
ezaguturen, à connaître (Matth., vii, 16).
dazaguzue, vous le connaissez (Jean, xiv, 17).
\ *dazagut*, je le connais (Jean, viii, 55).
/ *dezagut*, je le connais (Matth., xxvi, 74).

dazaguzki, il les connaît [tr. masc.] (Act., I, 24).
dezaguzkik, tu les connais [tr. masc.] (Act., I, 24).
{ *nazaguk*, tu me connais [tr. masc.] (Jean, I, 48).
{ *nezaguk*, tu me connais (Luc, XXII, 34).

IHARDUKI « DISPUTÉ ».
(6 formes différentes.)

iharduki, disputé (Luc, IX, o).
ihardukiten, disputant (Marc, IX, 33).
dihardukate, ils le disputent à lui (Apoc., XVIII, 17).
dihardukazue, vous le disputez à lui (Matth., XVI, 8).
zihardukan, il le disputait à lui (Jud., IX).
zihardukaten, ils le disputaient à lui (Matth., XXI, 25).

IKUS « VU ».
(30 formes différentes.)

ikus [radical] (Matth., IV, 18).
ikusi, vu (Matth., II, 9).
ikusten, voyant (Matth., XI, 5).
ikusiren, à voir (Matth., V, 8).
bekusa, qu'il le voie (I Cor., III, 10).
ikusak, vois-le (Act., XXII, 26).
ikusazue, voyez-le (Jean, I, 39).
dakusa, il le voit (Jean, IX, 19).
dakusate, ils le voient (Matth., XVIII, 10).
dakusak, tu le vois [tr. masc.] (Luc, VI, 41).
dakusazue, vous le voyez (Act., XIV, 26).
dakusat, je le vois (Ac., XXVII, 10).
diakusat, je le vois [tr. masc.] (Jean, IV, 19).
dakusagu, nous le voyons (Jean, IX, 41).
{ *diakusagu*, nous le voyons [tr. masc.] (39).
{ *deakusagu*, nous le voyons [tr. masc.] (38).
dakuskeite, ils le verront (Apoc., XVIII, 9).
dakusket, je le verrai (Apoc., XVIII, 7).
zakusan, il le voyait (Matth., XXVII, 3).
zakusaten, ils le voyaient (Act., I, 9).
nakusan, je le voyais (4).
lakusa, il le vît (Marc, VIII, 23).
nakusan, je le voyais (4).
ikuskizue, voyez-les (Luc, XXI, 29).
dakuskite, ils les voient (Luc, X, 23).
dakuskik, tu les vois [tr. masc.] (Marc, XIII, 2).
dakuskizue, vous les voyez (Matth., XXIV, 2).

diakuskiat, je les vois | tr. masc. | (Marc, VIII, 24).
diakuskigu, nous les voyons (21).
zakuskian, il les voyait (Matth., XV, 31).

IRUDI «SEMBLÉ».
(6 formes différentes.)

iruditu, semblé (Luc, I, 3).
iruditzen, semblant (Act., XV, 38).
dirudi, il le semble (Act., XVII, 18).
dirudite, ils le semblent (Marc, VIII, 24).
zirudien, il le semblait (Apoc., IV, 8).
ziruditen, ils le semblaient (Apoc., IX, 7).

JAKIN «SU».
(40 formes différentes.)

jakin, su (Matth., II, 8).
jakik, sache-le (Jean, VII, 52).
jakizue, sachez-le (Matth., XXIV, 43).
daki, il le sait (Matth., VI, 32).
zeakik, il le sait [tr. masc.] (I Cor., XIV, 16).
dakite, ils le savent (Act., XXVI, 4).
zeakie, ils le savent [tr. masc.] (Act., XXII, 19).
dakik, tu le sais | tr. masc. | (Apoc., VII, 14).
dakin, tu le sais [tr. masc.] (I Cor., VII, 16).
dakizue, vous le savez (Matth., XVI, 3).
dakit, je le sais (Matth., XXVI, 35).
zeakiat, je le sais [tr. masc.] (Act., XXVI, 27).
zeakinat, je le sais [tr. fém.] (Marc, XIV, 68).
dakigu, nous le savons (6).
zeakiagu, nous le savons [tr. masc.] (Act., XXVIII, 22).
zeakinagu, nous le savons [tr. fém.] (Jean, IV, 42).
dakikegu, nous le savons (49).
zakian, il le savait (Jean, VI, 6).
zeakian, il le savait (Matth., XXVII, 18).
zakiten, ils le savaient (Act., XVI, 3).
akian, tu le savais [tr. masc.] (Matth., XXV, 26).
zinakiten, vous le saviez (Hebr., X, 34).
nakian, je le savais (Act., XXIII, 5).
laki, il le sût (46).
leaki, il le sût (Matth., XXIV, 43).
leki, il le sût (Matth., VI, 3).
aki, tu le susses (Jean, IV, 10).
zinakite, vous le sussiez (Matth., XII, 7).

zinekite, vous le sussiez (Matth., xxiv, 33).
lakike, il le saurait (Luc, vii, 39).
dakizki, il les sait (I Cor., ii, 11).
zeakizkik, il les sait (Act., xx, 26).
dakizkite, ils les savent (46).
dakizkik, tu les sais (Marc, x, 19).
dakizkizue, vous les savez (Ephes., vi, 21).
dakizkit, je les sais (Act., xx, 22).
zeakizkiat, je les sais [tr. masc.] (Apoc., ii, 2).
dakizkigu, nous les savons (II Cor., ii, 11).
zekizkian, il les savait (Luc, xi, 17).
nakizkian, je les savais (I Cor., xiii, 2).

? « DIT ».
(27 formes différentes.)

dio, il le dit (Matth., xiv, 8).
ziok, il le dit [tr. masc.] (Matth., xxvi, 18).
dioite, ils le disent (Matth., xi, 19).
zioe, ils le disent [tr. masc.] (Apoc., iii, 9).
diok, tu le dis [tr. masc.] (Jean, i, 22).
dion, tu le dis [tr. fém.] (Matth., xxvi, 70).
diozue, vous le dites (Matth., xv, 5).
diot, je le dis (Apoc., ix, 18).
zioat, je le dis [tr. masc.] (I Tim., ii, 7).
diogu, nous le disons (82).
{ *zioen*, il le disait (Marc, iv, 30).
{ *zion*, il le disait (Matth., xii, 48).
{ *zioiten*, ils le disaient (Matth., xii, 10).
{ *zioten*, ils le disaient (Matth., viii, 25).
lio, il le dît (12).
lioite, ils le dissent (Act., xxiii, 12).
{ *diotsa*, il le dit à lui (Matth., xvii, 26).
{ *diotso*, il le dit à lui (Matth., iv, 9).
{ *diotsate*, ils le disent à lui (Matth., xiii, 51).
{ *diotsote*, ils le disent à lui (Matth., ix, 28).
diotsok, tu le dis à lui (Matth., vii, 4).
{ *ziotsan*, il le disait à lui (Apoc., ix, 14).
{ *ziotson*, il le disait à lui (Matth., xv, 22).
ziotsaten, ils le disaient à lui (Act., xxviii, 4).
niotsan, je le disais à lui (Apoc., x, 8).
dioste, il le dit à eux (Matth., iv, 19).
ziosten, il le disait à eux (Marc, vii, 20).
diosat, je le dis à toi [tr. masc.] (Luc, xxii, 34).
diosnat, je le dis à toi [tr. fém.] (Marc, v, 41).

diotsuet, je le dis à vous (Matth., v, 18).
ziostan, il le disait à moi (Apoc., 1, 17).
diosku, il le dit à nous (41).

Les formes précédentes, si l'on fait abstraction de celles qui ne sont pas fléchies et des variantes phonétiques, s'élèvent au nombre de 300 environ. La plupart se trouvent répétées plusieurs fois et accompagnées souvent de préverbes ou de suffixes, ce qui élève leur nombre à plus de 1,200. — Il nous reste à montrer maintenant par deux ou trois exemples comment des formes périphrastiques se rencontrent là où l'on aurait pu s'attendre à rencontrer les formes fortes correspondantes.

II

Nous trouvons *irudi dik* «il le semble» [en tutoyant] (Matth., xxii, 39); *du eramaiten* «il l'emporte» (Matth., iv, 5, 8); *erraiten du* «il le dit» (Matth., xii, 44); *egiten du* «il le fait» (Matth., xxv, 19); *ekarten du* «il le porte» (Marc, iv, 28); *enzuten du* «il l'entend» (Matth., xiii, 26); *eztu ezagutzen* «il ne le connaît pas» (Matth., xi, 27). Nous avons encore *enzuten dute* «ils l'entendent» (Matth., xi, 5); *ikusten dute* «ils le voient» (Matth., xiii, 6); *egiten dute* «ils le font» (Matth., ii, 18); *erraiten dutela* «qu'ils le voient» (Matth., xxiv, 5); *enzuten dutelarik* «pendant qu'ils l'entendent» (Matth., xiii, 13); *edukiten dutenelarik* «de ceux qui le tiennent»; *egiten duancan* (Matth., vi, 2, 3, 5, 6, 17); *baldin eramaiten baduk* «si tu l'emportes» (Matth., v, 23). On peut dire que, au présent de l'indicatif, les formes périphrastiques étaient déjà tout à fait courantes du temps de Liçarrague. A l'imparfait, elles l'étaient davantage encore, et aux autres temps les formes fortes sont assez rares. L'impératif même était atteint. L'évolution n'a fait que s'accentuer, et une rapide enquête en Basse-Navarre et au Labourd nous a permis de constater que les deux tiers au moins des formes fortes liçarraguéennes ne sont plus employées aujourd'hui, même phonétiquement évoluées.

IMPRIMERIE NATIONALE. — Juillet 1913.

www.ingramcontent.com/pod-product-compliance
Lightning Source LLC
LaVergne TN
LVHW021759210726
843510LV00016B/818